KB221082

똑똑한
하루 한자

똑똑한 하루 한자
시리즈 구성 예비초~4단계

우리 아이 한자 학습 첫걸음

8급

1단계 A, B, C

7급 II

2단계 A, B, C

7급

3단계 A, B, C

6급 II

4단계 A, B, C

똑똑한 하루 한자

3주 완성 스케줄표

예비초 **A**

⭐ 공부한 날짜를 써 봐!

1주

1일 6~13쪽	**2**일 14~17쪽	**3**일 18~21쪽	**4**일 22~25쪽	**5**일 26~29쪽
한자가 뭐예요?	一 한 일	二 두 이	三 석 삼	1주 복습
월 일	월 일	월 일	월 일	월 일

특강
30~37쪽
월 일

힘을 내! 넌 최고야!

2주

5일 58~61쪽	**4**일 54~57쪽	**3**일 50~53쪽	**2**일 46~49쪽	**1**일 38~45쪽
2주 복습	六 여섯 륙	五 다섯 오	四 넉 사	한자어를 만들어요
월 일	월 일	월 일	월 일	월 일

특강
62~69쪽
월 일

배운 내용은 꼭꼭 복습하기!

3주

1일 70~77쪽	**2**일 78~81쪽	**3**일 82~85쪽	**4**일 86~89쪽	**5**일 90~93쪽
한자를 바르게 써요	七 일곱 칠	八 여덟 팔	九 아홉 구	3주 복습
월 일	월 일	월 일	월 일	월 일

특강
94~101쪽
월 일

Chunjae
Makes
Chunjae

▼

똑똑한 하루 한자 예비초 A

편집개발   고미경, 정병수
디자인총괄 김희정
표지디자인 윤순미
내지디자인 박희춘, 배미현
삽화   민동진, 박혜원, 인스키, 장현아, 정윤희
제작   황성진, 조규영

발행일   2021년 11월 1일 초판 2025년 3월 20일 3쇄
발행인   (주)천재교육
주소   서울시 금천구 가산로9길 54
신고번호   제2001-000018호
고객센터   1577-0902

똑 똑 한
하루
한자

예비초 A

구성과 활용 방법

한 주 미리보기

미리보기 만화

미리보기 활동

1일 한자의 기초

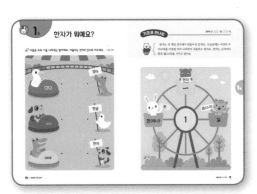

놀이 활동과 만화를 통해 한자 공부에 필요한 기초적인 내용을 익혀요.

2~4일 한자 학습

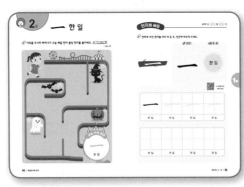

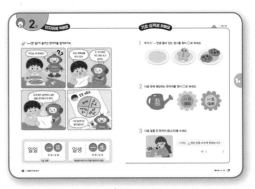

오늘 배울 한자를 확인하고, QR 코드 속 영상을 보며 따라 써요.

만화를 보며 오늘 배운 한자가 들어간 한자어를 익히고, 문제로 확인해요.

5일
복습

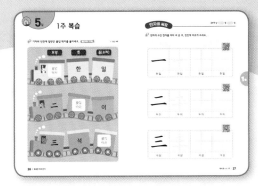

한 주 동안 배운 한자를 복습해요.

한 주 마무리

누구나 100점 TEST

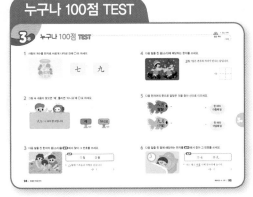

문제를 풀며 실력을 확인해요.

특강 생각을 키워요

창의·융합·코딩 문제로
재미는 솔솔, 사고력은 쑥쑥!

종합 마무리

다양한 유형의 기초 문제를 풀며 이번 단계에서 배운 내용을 꼼꼼하게 마무리해요.

부록

붙임 딱지와 한자 카드,
한자어 카드, 브로마이드를
활용하여 더욱 재미있게
공부해요!

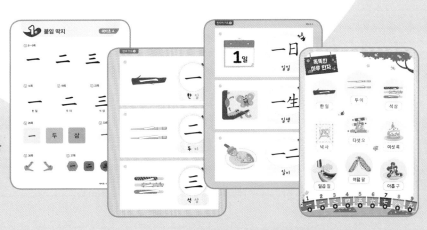

3주

마무리

귀염둥이 **냥이**, 척척박사 **지니**와 함께
하루 한자를 시작해 볼까요?

냥이

지니

1주

1주에는 무엇을 공부할까? ❶

1일 한자가 뭐예요?　　　**2일** 一 한 일　　　**3일** 二 두 이

4일 三 석 삼　　　**5일** 1주 복습

⭐ 이번 주에 배울 한자의 뜻과 음(소리)을 큰 소리로 읽으며, 한자 붙임 딱지를 붙여 보세요. 붙임 딱지 117쪽

1일 한자가 뭐예요?

다음은 모두 '1'을 나타내는 말이에요. 어울리는 것끼리 선으로 이으세요. ◐ 정답 2쪽

기초를 만나요

한자는 먼 옛날 중국에서 만들어진 문자로, 오늘날에도 여전히 우리나라를 비롯한 여러 나라에서 사용하고 있어요. 한자는 글자마다 **뜻**과 **음(소리)**을 가지고 있어요.

1주

1 다음 냥이의 소개를 읽고, ☐ 안에 알맞은 말을 넣어 자신을 소개하세요.

 안녕하세요. 내 이름은 김냥이입니다.
내 이름에서 한자로 쓸 수 있는 부분은 '김'입니다.

내 이름은 ☐ 입니다.

내 이름에서 한자로 쓸 수 있는 부분은 ☐ 입니다.

2 그림 속 내용이 맞으면 '예', 틀리면 '아니요'에 ◯표 하세요.

한자는 글자마다 뜻과 음(소리)을
가지고 있습니다.

 예 아니요

3 '一'의 뜻과 음(소리)으로 알맞은 것을 찾아 선으로 이으세요.

뜻	·	·	한(하나)
음(소리)	·	·	일

一 한 일

🔍 미로를 무사히 빠져나가 오늘 배울 한자 붙임 딱지를 붙이세요. 붙임 딱지 117쪽

● 정답 3쪽

오늘 배울 한자

一

한 일

 연하게 쓰인 한자를 따라 써 본 후, 빈칸에 바르게 쓰세요.

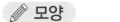 모양  뜻·음

한 일

 ◀ QR을 보며 따라 써요!

한 일	한 일	한 일	한 일

한 일	한 일	한 일	한 일

🔍 '一(한 일)'이 들어간 한자어를 알아보아요.

일일	一 日	일생	一 生
	한 일 / 날 일		한 일 / 날 생
1일. 하루		세상에 태어나서 죽을 때까지의 동안	

1 쿠키가 '一'만큼 들어 있는 접시를 찾아 ○표 하세요.

2 다음 뜻에 해당하는 한자어를 찾아 ○표 하세요.

3 다음 밑줄 친 한자의 음(소리)을 쓰세요.

그녀는 一생을 동물 보호에 힘썼습니다.

→ (   )

二 두 이

'2'가 쓰여 있는 길을 따라가 오늘 배울 한자 붙임 딱지를 붙이세요. 붙임 딱지 117쪽

◐ 정답 3쪽

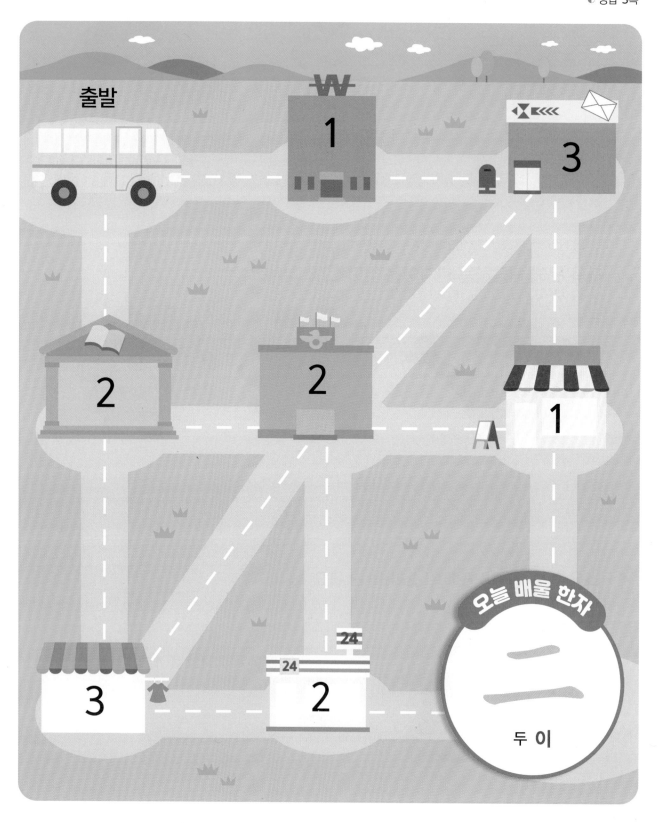

🔍 연하게 쓰인 한자를 따라 써 본 후, 빈칸에 바르게 쓰세요.

✏️ 모양   📢 뜻·음

두 이

◀ QR을 보며
따라 써요!

두 이	두 이	두 이	두 이

두 이	두 이	두 이	두 이

🔍 '二(두 이)'가 들어간 한자어를 알아보아요.

일이	一 二
	한 일 / 두 이
하나나 둘	

이십	二 十
	두 이 / 열 십
20. 10을 두 번 더한 수	

1 다음에서 '二'의 뜻과 음(소리)으로 알맞은 것에 ◯표 하세요.

한 일　　　두 이

2 다음 밑줄 친 말에 해당하는 한자를 쓰세요.

두 사람이 길을 걸어갑니다.

→

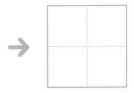

3 ◯에 알맞은 글자를 넣어 낱말을 만드세요.

하나나 둘

일◯

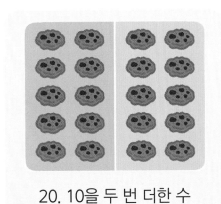

20. 10을 두 번 더한 수

◯십

三 석 삼

음식이 '3'개 들어 있는 바구니를 따라가 오늘 배울 한자 붙임 딱지를 붙이세요.

붙임 딱지 117쪽

◑ 정답 4쪽

오늘 배울 한자

三

석 삼

 연하게 쓰인 한자를 따라 써 본 후, 빈칸에 바르게 쓰세요.

✏️ 모양 　　　📢 뜻·음

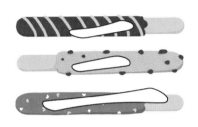

석 삼

◀ QR을 보며
따라 써요!

1주

三			
석 삼	석 삼	석 삼	석 삼

석 삼	석 삼	석 삼	석 삼

🔍 '三(석 삼)'이 들어간 한자어를 알아보아요.

삼촌	三寸	삼십	三十
	석 삼 / 마디 촌		석 삼 / 열 십
	아버지의 남자 형제		30. 10을 세 번 더한 수

1 ◯에 들어갈 알맞은 숫자를 한자로 쓰세요.

아기 돼지 ◯ 형제

2 다음 밑줄 친 한자의 음(소리)을 쓰세요.

한 달은 <u>三</u>십 일입니다.

→ (   )

3 다음 ☐☐에 들어갈 한자어로 알맞은 것에 ◯표 하세요.

우리 ☐☐은 수의사입니다.

三寸
(삼촌)

三十
(삼십)

5일

1주 복습

정답 4쪽

🔍 **기차의 빈칸에 알맞은 붙임 딱지를 붙이세요.** 붙임 딱지 117쪽

모양	뜻	음(소리)
붙임 딱지	한	일
二	붙임 딱지	이
三	석	붙임 딱지

🔍 연하게 쓰인 한자를 따라 써 본 후, 빈칸에 바르게 쓰세요.

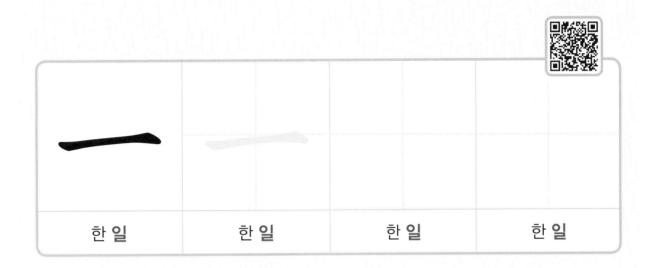

| 한 일 | 한 일 | 한 일 | 한 일 |

| 두 이 | 두 이 | 두 이 | 두 이 |

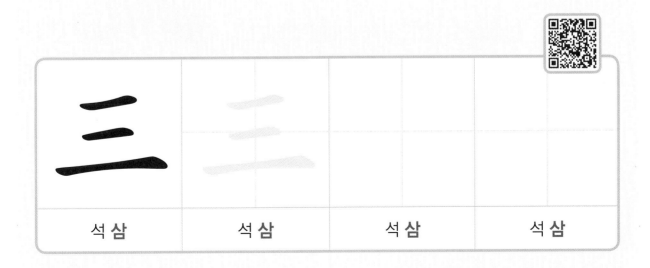

| 석 삼 | 석 삼 | 석 삼 | 석 삼 |

🔍 **만화를 읽으며 이번 주에 배운 한자어를 확인해 보세요.**

1 먼저 들어온 사람부터 차례대로 한자 숫자를 쓰세요.

2 뜻에 맞는 한자어가 되도록 빈칸에 한자 또는 우리말을 쓰세요.

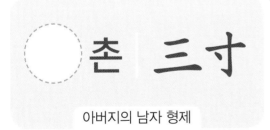

아버지의 남자 형제

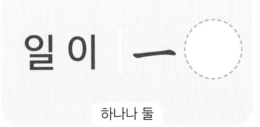

하나나 둘

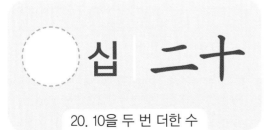

20. 10을 두 번 더한 수

세상에 태어나서 죽을 때까지의 동안

누구나 100점 TEST

1 한자의 뜻과 음(소리)이 바르게 쓰인 것을 찾아 ✔표 하세요.

한 일

두 이

석 삼

2 다음 그림 속 쿠키의 개수를 바르게 나타낸 것을 찾아 선으로 이으세요.

·

·

3 다음 밑줄 친 한자의 음(소리)을 쓰세요.

一월 1일은 설날입니다.

→ (   )

4 다음 밑줄 친 말에 해당하는 한자를 보기 에서 찾아 그 번호를 쓰세요.

보기

① 二   ② 三

• <u>세</u> 명의 어린이가 물놀이를 합니다.

→ (   )

5 ◯에 들어갈 알맞은 한자를 쓰세요.

◯ 日 →

▶ 1일. 하루

6 다음 밑줄 친 낱말에 해당하는 한자어를 찾아 ◯표 하세요.

<u>일이</u> 분 뒤에 버스가 도착합니다.

一二   三寸

창의·융합·코딩

생각을 키워요 ①

📖 만화를 읽고, 만화 속에 등장한 성어를 알아봅시다.

주인님, 방을 좀 정리해야겠어요.

하지만 너무 귀찮은걸.

청소를 하면 방도 깨끗해지고, 또 저절로 운동도 되니

그야말로 일석이조 라고요.

깜짝!

그, 그럼 청소를 시작해 볼까?

◆ 성어의 뜻과 음을 알아보고, 빈칸에 한자 붙임 딱지를 붙이세요. 붙임 딱지 117쪽

→ '돌 한 개를 던져 새 두 마리를 잡는다.'라는 뜻으로, 한 가지 일을 하여 두 가지 이익을 얻음을 이르는 말

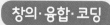

📖 퍼즐 속 '1'을 모두 색칠했을 때 나타나는 한자의 뜻과 음(소리)을 쓰세요.

뜻:

음:

0	0	0	0	0
0	0	0	0	0
1	1	1	1	1
0	0	0	0	0
0	0	0	0	0

🐰 부모님께 귓속말

컴퓨터의 특성을 활용한 한자 색칠 문제입니다. 0과 1의 배열을 바꾸어 다른 한자 숫자도 만들어 보세요.

📖 다음 규칙 을 보고, 암호 속 빈칸에 들어갈 알맞은 숫자를 쓰세요.

 부모님께 귓속말

먼저 규칙에 제시된 한자를 숫자로 바꾼 후, 덧셈과 뺄셈 기호에 유의하여 계산해 봅니다.

창의·융합·코딩
생각을 키워요 ③

📖 피터팬과 후크 선장이 보물을 찾았어요. 보물 속 숫자 한자를 보고, 수의 크기가 더 큰 쪽으로 입 벌린 악어 붙임 딱지를 붙이세요. 붙임 딱지 117쪽

🐰 **부모님께 귓속말**

한자 숫자를 바르게 알고 수의 크기를 비교하는 활동입니다. 악어의 입이 향하는 쪽이 더 큰 수임을 알 수 있도록 도와주세요.

📖 두 사람이 보물을 나누어 가지려고 해요. 저울 양쪽의 무게가 같도록 알맞은 보물 붙임 딱지를 붙이세요. 붙임 딱지 117쪽

1주

 **부모님께 귓속말**

덧셈을 활용해 같은 수를 만들어 보는 활동입니다. 작은 숫자 두 개를 더해 보세요.

2주에는 무엇을 공부할까? ①

이번 주에는 어떤 한자를 공부할까?

1일 한자어를 만들어요   **2**일 四 넉 사   **3**일 五 다섯 오

4일 六 여섯 륙   **5**일 2주 복습

2주

40 / 똑똑한 하루 한자

✱ 이번 주에 배울 한자의 뜻과 음(소리)을 큰 소리로 읽으며, 한자 붙임 딱지를 붙여
보세요. 붙임 딱지 119쪽

정답 7쪽

한자어를 만들어요

42 / 똑똑한 하루 한자

붙임 딱지를 붙여 빈칸에 알맞은 낱말을 만드세요. 붙임 딱지 119쪽　　정답 7쪽

동물의 왕은 사 자 입니다.

나 비 가
나풀나풀 날아갑니다.

 한자와 한자를 합하여 만든 말을 **한자어**라고 합니다.
한자어를 만들 때 한자의 위치에 따라 한자의 음(소리)이 변하기도 합니다.

🔍 **한자어를 큰 소리로 읽어 보세요.**

五六
오 륙

六日
육 일

2주

 '六(여섯 륙)'은 낱말의 맨 앞에 올 때는 '육'이라고 읽습니다.

1일 만화로 익혀요

◑ 정답 7쪽

1 다음 한자 퍼즐을 합쳐서 만든 한자어의 음(소리)을 쓰세요.

'五六'은 [   ] 이라고 읽습니다.

2주

2 다음 한자어의 음(소리)으로 알맞은 것에 ◯표 하세요.

'六日'은 [륙일 / 육일] 이라고 읽습니다.

2일 四 넉 사

🔍 그림 속 ◯ 에 알맞은 숫자를 쓰고, 오늘 배울 한자 붙임 딱지를 붙이세요.

붙임 딱지 119쪽

◗ 정답 8쪽

시우의 ◯ 번째 생일을 축하합니다!

축하합니다

오늘 배울 한자

四

넉 사

🔍 연하게 쓰인 한자를 따라 써 본 후, 빈칸에 바르게 쓰세요.

 모양　　　　　 뜻·음

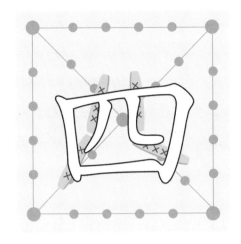

넉 사

◀ QR을 보며
따라 써요!

2주

四	四	四	四
넉 사	넉 사	넉 사	넉 사

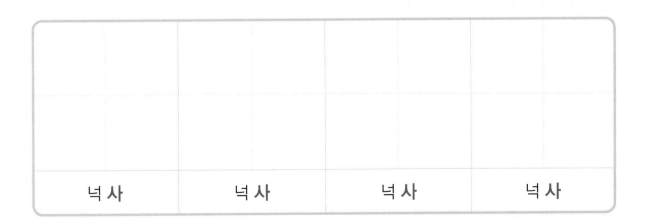

넉 사	넉 사	넉 사	넉 사

🔍 '四(넉 사)'가 들어간 한자어를 알아보아요.

주말에 사촌 동생이 놀러 오기로 했어.

동생을 돌보는 일이라면 지니가 도울게요.

요즘 유행하는 노래를 틀어 줄까요?

재미있는 게임을 연결할까요?

그런데 동생은 몇 살인가요?

음, 태어난 지 이제 사십 일 됐어.

사촌	四 寸
	넉 사 / 마디 촌
	아버지 친형제의 아들딸

사십	四 十
	넉 사 / 열 십
	40. 10을 네 번 더한 수

정답 8쪽

1 다음 한자의 뜻과 음(소리)을 쓰세요.

四 → (   )

2 개수가 '四' 개인 장난감을 찾아 ✔표 하세요.

3 다음 한자어의 뜻으로 알맞은 것을 찾아 선으로 이으세요.

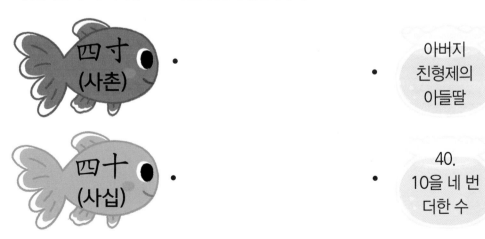

四寸
(사촌) ·

· 아버지
친형제의
아들딸

四十
(사십) ·

· 40.
10을 네 번
더한 수

3일

五 다섯 오

붙임 딱지 119쪽

🔍 개수가 '5'개인 채소에 ◯표 하고, 오늘 배울 한자 붙임 딱지를 붙이세요.

◑ 정답 8쪽

오이

양파

가지

배추

당근

버섯

오늘 배울 한자

五

다섯 오

🔍 연하게 쓰인 한자를 따라 써 본 후, 빈칸에 바르게 쓰세요.

✏️ 모양　　　📢 뜻·음

五

다섯 오

◀ QR을 보며
따라 써요!

2주

五	五	五	五
다섯 오	다섯 오	다섯 오	다섯 오

다섯 오	다섯 오	다섯 오	다섯 오

🔍 '五(다섯 오)'가 들어간 한자어를 알아보아요.

어제 엄마 아빠한테 선물 받았다!

어제가 오월 오일 어린이날이었지요?

매일 어린이날이면 선물도 매일 받을 텐데.

어린이날 이제 그만할래!

오월 | 五 月
다섯 오 / 달 월
한 해의 다섯째 달

오일 | 五 日
다섯 오 / 날 일
다섯 날. 한 달의 다섯째 날

1 주어진 수만큼 당근을 색칠하세요.

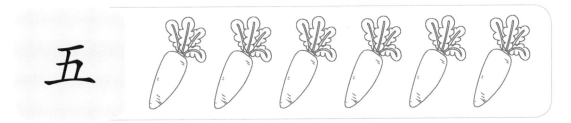

2 다음 밑줄 친 한자어의 음(소리)으로 알맞은 것에 ◯표 하세요.

五月 8일은 어버이날입니다.

오월   오일

3 다음 한자의 뜻과 음(소리)으로 알맞은 것을 찾아 선으로 이으세요.

· 넉 사

· 다섯 오

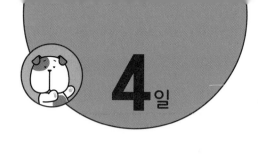

4일 六 여섯 륙

다리가 '6'개인 동물을 찾아 ◯표 하고, 오늘 배울 한자 붙임 딱지를 붙이세요.

붙임 딱지 119쪽

● 정답 9쪽

오늘 배울 한자

六

여섯 륙

한자를 써요

🔍 연하게 쓰인 한자를 따라 써 본 후, 빈칸에 바르게 쓰세요.

✏️ 모양　　　　📢 뜻·음

여섯 륙

 ◀ QR을 보며 따라 써요!

2주

六	六	六	六
여섯 륙	여섯 륙	여섯 륙	여섯 륙

여섯 륙	여섯 륙	여섯 륙	여섯 륙

🔍 '六(여섯 륙)'이 들어간 한자어를 알아보아요.

오륙	五 六	육십	六 十
	다섯 오 / 여섯 륙		여섯 륙 / 열 십
다섯이나 여섯		60. 10을 여섯 번 더한 수	

1 나무에 매달린 사과의 개수를 한자로 쓰세요.

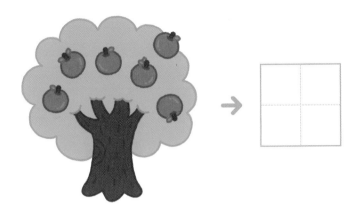 →

2 다음 중 수의 크기가 큰 것에 색칠하세요.

六十
(육십)

五六
(오륙)

3 다음 밑줄 친 한자의 음(소리)으로 알맞은 것에 〇표 하세요.

우리 할아버지의 연세는 六십 세입니다.

오 | 륙(육)

2주 복습

물건의 개수를 한자로 바르게 나타낸 것을 찾아 선으로 이으세요.   ◑ 정답 9쪽

🔍 연하게 쓰인 한자를 따라 써 본 후, 빈칸에 바르게 쓰세요.

四	四		
넉 사	넉 사	넉 사	넉 사

五	五		
다섯 오	다섯 오	다섯 오	다섯 오

六	六		
여섯 륙	여섯 륙	여섯 륙	여섯 륙

🔍 **만화를 읽으며 이번 주에 배운 한자어를 확인해 보세요.**

오일(五日) 뒤면 아빠의 생신인데 뭐 특별한 선물 없을까?

직접 만든 케이크는 어떨까요?

역시 지니는 똑똑해!

아빠의 생신날

빵이 완성되려면 오륙(五六) 분 정도 더 기다려야 한댔지?

잠시 후

앗, 다 타 버렸어! 아빠 퇴근까지 육십(六十) 분도 안 남았는데.

비장의 무기를 쓸 수밖에요.

그날 저녁

사십(四十) 평생 이런 감동적인 선물은 처음인걸! 고맙다, 냥이야!

뭐, 뭘요.

정답 9쪽

1 각 숫자에 어울리는 색깔을 칠하여 그림을 완성하세요.

四: 빨간색　　五: 검정색　　六: 초록색

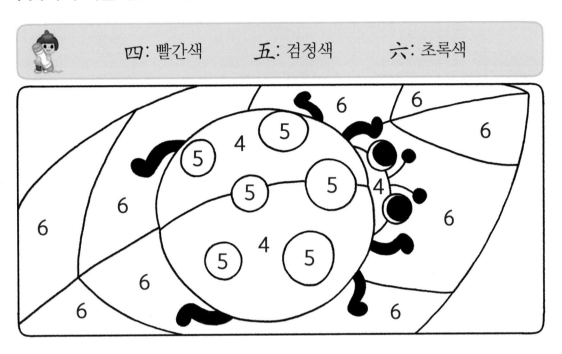

2 뜻에 맞는 한자어가 되도록 빈칸에 한자 또는 우리말을 쓰세요.

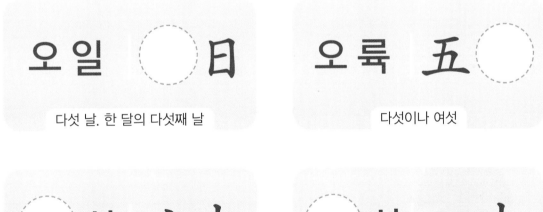

오일　〇 日
다섯 날. 한 달의 다섯째 날

오륙　五 〇
다섯이나 여섯

〇 십　六 十
60. 10을 여섯 번 더한 수

〇 십　四 十
40. 10을 네 번 더한 수

1 한자의 뜻과 음(소리)에 맞는 한자 붙임 딱지를 붙이세요. 붙임 딱지 119쪽

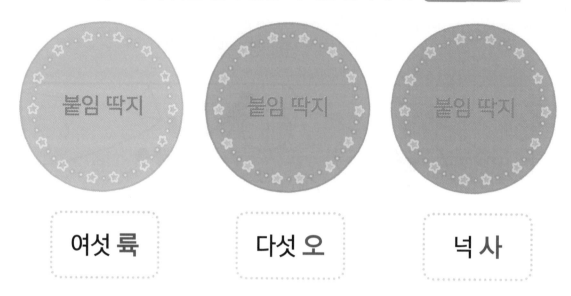

| 붙임 딱지 | 붙임 딱지 | 붙임 딱지 |

| 여섯 륙 | 다섯 오 | 넉 사 |

2 주어진 한자를 크기가 작은 수부터 차례대로 쓰세요.

五　四　六

☐ < ☐ < ☐

3 다음 한자어의 음(소리)으로 알맞은 것에 ◯표 하세요.

五六

오륙　오월

4 다음 밑줄 친 말에 해당하는 한자를 보기 에서 찾아 그 번호를 쓰세요.

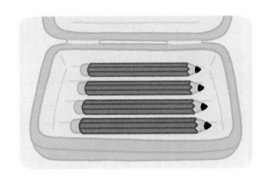

보기
① 五   ② 四

● 필통에 연필이 <u>네</u> 자루 있습니다.

→ (   )

5 다음 밑줄 친 음(소리)에 해당하는 한자를 보기 에서 찾아 그 번호를 쓰세요.

보기
① 四   ② 六

● 한 시간은 <u>육</u>십 분입니다.

→ (   )

6 그림 속 내용이 맞으면 '예', 틀리면 '아니요'에 ○표 하세요.

'다섯이나 여섯'을 뜻하는 한자어는
'五月(오월)'입니다.

 예   아니요

2주 특강 생각을 키워요 ❶

창의·융합·코딩

📖 만화를 읽고, 만화 속에 등장한 성어를 알아봅시다.

◆ 성어의 뜻과 음을 알아보고, 빈칸에 한자 붙임 딱지를 붙이세요. 붙임 딱지 119쪽

→ '서른여섯 가지의 꾀'라는 뜻으로, 주로 '삼십육계 줄행랑'의 형태로 쓰여 매우 급하게 도망침을 이르는 말

📖 샌드위치 만드는 방법을 보고, 각 단계에 필요한 재료 붙임 딱지를 붙이세요.

붙임 딱지 119쪽

샌드위치 만드는 방법

| 1. 식빵 1장 놓기 | 2. 버터 바르기 | 3. 양상추와 토마토 올리기 |
| 4. 치즈 올리기 | 5. 슬라이스 햄 올리기 | 6. 덮개 빵 올리기 |

四단계
붙임
딱지

五단계
붙임
딱지

六단계
붙임
딱지

🐰 **부모님께 귓속말**

명령을 순서대로 실행해야만 원하는 결과를 얻을 수 있습니다. 제시된 한자를 숫자로 바꾼 후, 해당 단계에서 필요한 재료를 찾아봅니다.

◑ 정답 11쪽

📖 다음 규칙 을 보고, 각 상자에 들어갈 알맞은 샌드위치 붙임 딱지를 붙이세요.

붙임 딱지 119쪽

규칙

· '5'보다 클 때 ▶ 빨간색 상자

· '5'와 같을 때 ▶ 노란색 상자

· '5'보다 작을 때 ▶ 파란색 상자

2주

 **부모님께 귓속말**

조건에 맞게 한자를 분류하는 문제입니다. 한자의 뜻을 생각하며 하나씩 천천히 분류해 봅니다.

📖 벌집을 들락거리는 꿀벌의 수를 세어 보고, 벌집 속에 남은 꿀벌의 수로 알맞은 한 자 카드에 ✔표 하세요.

| ☐ 四 | ☐ 五 | ☐ 六 |

🐰 **부모님께 귓속말**

앞 그림에서 꿀벌이 모두 몇 마리인지 세어 본 후, 다시 꽃을 향해 날아간 꿀벌을 세어 계산해 보세요.

📖 차례대로 반복되는 벽돌의 규칙을 살펴보고, 가장 마지막 벽돌에 들어갈 한자의 뜻
과 음(소리)을 쓰세요.

🐰 부모님께 귓속말

벽돌에 새겨진 숫자를 차례대로 읽어 보면 일정한 규칙을 발견할 수 있어요.

1일 한자를 바르게 써요   **2**일 七 일곱 칠   **3**일 八 여덟 팔

4일 九 아홉 구   **5**일 3주 복습

한자를 색칠해 보세요!

7,000 원   8,000 원   9,000 원

7,000 원   8,000 원   9,000 원

구, 구천 원
…….

결국 안 샀네요, 주인님.

힘들게 모은 용돈이라 아까워서 못 쓰겠어.

3주

⭐ 이번 주에 배울 한자의 뜻과 음(소리)을 큰 소리로 읽으며, 한자 붙임 딱지를 붙여 보세요. 붙임 딱지 121쪽

일곱 칠

여덟 팔

◑ 정답 12쪽

九

아홉 구

한자를 바르게 써요

●에서 ★까지 선을 그어 보세요.

정답 12쪽

한자를 쓰는 기본적인 규칙을 알면 한자를 바르고 가지런하게 쓸 수 있습니다.

규칙을 큰 소리로 읽으며, 한자를 바르게 따라 쓰세요.

위에서 아래로 써요.

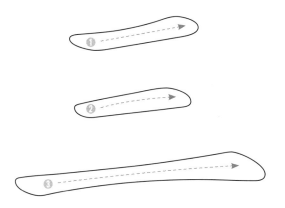

가로를 먼저 쓰고 세로를 나중에 써요.

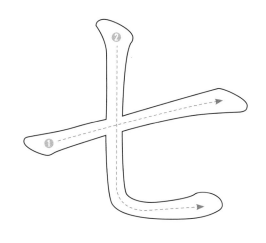

정답 12쪽

1 한자를 쓰는 규칙에 맞게 빈칸에 →또는 ←을 넣으세요.

(1)

(2)

2 한자를 쓰는 순서에 맞게 숫자 붙임 딱지를 붙이세요. 붙임 딱지 121쪽

🔍 '7'이 쓰여 있는 별을 모두 찾아 색칠하고, 오늘 배울 한자 붙임 딱지를 붙이세요.

붙임 딱지 121쪽

◑정답 13쪽

🔍 연하게 쓰인 한자를 따라 써 본 후, 빈칸에 바르게 쓰세요.

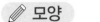 ✏️ 모양

 📢 뜻·음

 일곱 칠

◀ QR을 보며
따라 써요!

七	七	七	七
일곱 칠	일곱 칠	일곱 칠	일곱 칠

일곱 칠	일곱 칠	일곱 칠	일곱 칠

3주

🔍 '七(일곱 칠)'이 들어간 한자어를 알아보아요.

칠월	七	月
	일곱 칠 / 달 월	
한 해의 일곱째 달		

칠일	七	日
	일곱 칠 / 날 일	
일곱 날. 한 달의 일곱째 날		

1 ⬭에 들어갈 알맞은 숫자를 한자로 쓰세요.

백설 공주와 ⬭ 난쟁이

2 다음 한자의 뜻과 음(소리)으로 알맞은 것에 ◯표 하세요.

七

일곱 칠   열 십

3 다음 밑줄 친 한자의 음(소리)을 쓰세요.

주간 계획표

메모	월	화	수
목	금	토	일

일주일은 <u>七</u>일입니다.

→ (   )

3일 八 여덟 팔

🔍 문어의 다리 개수를 세어 보고, 오늘 배울 한자 붙임 딱지를 붙이세요. 붙임 딱지 121쪽

◑ 정답 13쪽

🔍 연하게 쓰인 한자를 따라 써 본 후, 빈칸에 바르게 쓰세요.

 모양    뜻·음

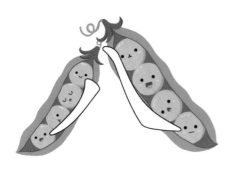   

여덟 팔

 ◀ QR을 보며
따라 써요!

여덟 팔	여덟 팔	여덟 팔	여덟 팔

여덟 팔	여덟 팔	여덟 팔	여덟 팔

3주

🔍 '八 (여덟 팔)'이 들어간 한자어를 알아보아요.

팔월	八 月	팔십	八 十
	여덟 팔 / 달 월		여덟 팔 / 열 십
한 해의 여덟째 달		80. 10을 여덟 번 더한 수	

1 그림 속 내용이 맞으면 '예', 틀리면 '아니요'에 ⃝표 하세요.

'八'은 '팔'이라고 읽습니다.

예 아니요

2 다음 밑줄 친 말에 해당하는 한자를 쓰세요.

여덟 살이 되면 초등학교에 갑니다.

→

3 다음 밑줄 친 한자의 음(소리)을 쓰세요.

음력 八월 15일은 추석입니다.

→ (   )

九 아홉 구

🔍 **야구장의 선수들을 세어 보고, 오늘 배울 한자 붙임 딱지를 붙이세요.** 붙임 딱지 121쪽

◑ 정답 14쪽

🔍 연하게 쓰인 한자를 따라 써 본 후, 빈칸에 바르게 쓰세요.

✏️ 모양　　　　🔊 뜻·음

　九　아홉 구

◀ QR을 보며
따라 써요!

九	九	九	九
아홉 구	아홉 구	아홉 구	아홉 구

아홉 구	아홉 구	아홉 구	아홉 구

3주

🔍 **'九(아홉 구)'가 들어간 한자어를 알아보아요.**

구월	九 月	구십	九 十
	아홉 구 / 달 월		아홉 구 / 열 십
	한 해의 아홉째 달		90. 10을 아홉 번 더한 수

1 그림 속 펼친 손가락의 개수를 한자로 쓰세요.

2 다음 밑줄 친 한자의 음(소리)을 쓰세요.

<u>九</u>월이 되니 날씨가 제법 선선합니다.

→ (   )

3 다음 밑줄 친 한자어에 해당하는 숫자를 찾아 ○표 하세요.

오늘 비가 올 확률은 <u>九十</u> 퍼센트 이상입니다.

70   90

3주 복습

🔍 사다리를 타고 내려가 이번 주에 배운 한자의 뜻과 음(소리)을 확인하세요.

◑ 정답 14쪽

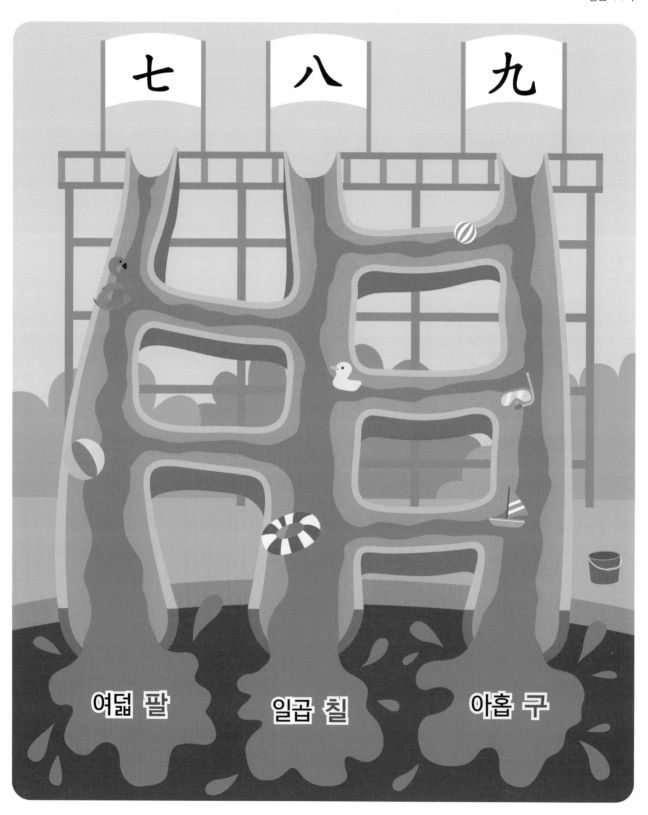

한자를 써요

🔍 연하게 쓰인 한자를 따라 써 본 후, 빈칸에 바르게 쓰세요.

| 七 일곱 칠 | 七 일곱 칠 | 일곱 칠 | 일곱 칠 |

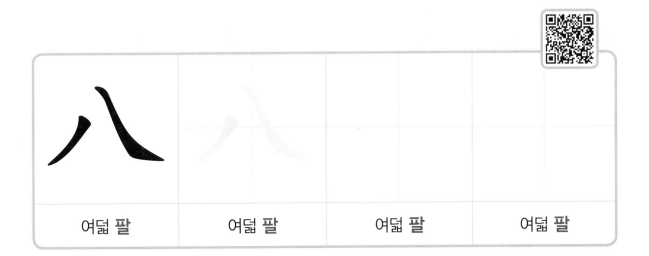

| 八 여덟 팔 | 八 여덟 팔 | 여덟 팔 | 여덟 팔 |

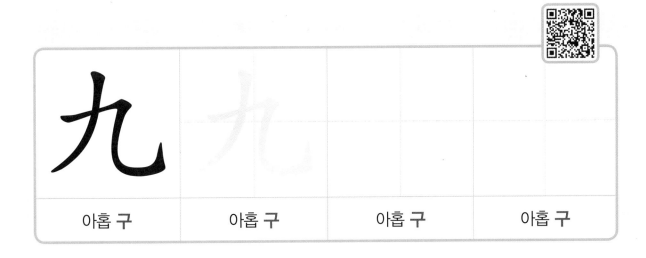

| 九 아홉 구 | 九 아홉 구 | 아홉 구 | 아홉 구 |

3주

🔍 **만화를 읽으며 이번 주에 배운 한자어를 확인해 보세요.**

구월(九月)도 다 지났는데, 웬 하루살이람.

그거 알아? 하루살이가 꼭 하루만 사는 건 아니래.

맞아요. 보통 칠일(七日) 정도 산다고 해요.

동물 중에 가장 오래 사는 건 역시 사람일까?

사람은 보통 팔십(八十)에서 구십(九十) 년을 살지만, 거북은 200년 가까이 산답니다.

80

90

200

200년?

나도 천천히 움직여서 거북처럼 오래 살아야지.

하여간 주인님은 못 말린다니깐!

엉금

엉금

◐ 정답 14쪽

1 그림을 보고 ◯ 에 알맞은 한자를 쓰세요.

꽃 ◯ 송이   딸기 ◯ 개   병아리 ◯ 마리

2 뜻에 맞는 한자어가 되도록 빈칸에 한자 또는 우리말을 쓰세요.

구월 ◯ 月

한 해의 아홉째 달

칠일 ◯ 日

일곱 날. 한 달의 일곱째 날

◯ 십 八十

80. 10을 여덟 번 더한 수

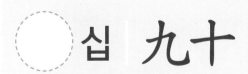

◯ 십 九十

90. 10을 아홉 번 더한 수

누구나 100점 TEST

1 사탕의 개수를 한자로 바르게 나타낸 것에 ◯표 하세요.

七   九

2 그림 속 내용이 맞으면 '예', 틀리면 '아니요'에 ◯표 하세요.

'九'는 '八'보다 큰 수입니다.

예   아니요

3 다음 밑줄 친 한자의 음(소리)을 보기 에서 찾아 그 번호를 쓰세요.

보기
① 칠   ② 팔

• 八월에 가족들과 여행을 갔습니다.

→ (   )

4 다음 밑줄 친 음(소리)에 해당하는 한자를 쓰세요.

칠월 7일은 견우와 직녀가 만나는 날입니다.

→

5 다음 한자어의 뜻으로 알맞은 것을 찾아 선으로 이으세요.

八月
(팔월)

·

·

한 해의
아홉째 달

九月
(구월)

·

·

한 해의
여덟째 달

6 다음 밑줄 친 말에 해당하는 한자를 보기 에서 찾아 그 번호를 쓰세요.

보기

① 七   ② 九

• 나는 평소 아홉 시에 잠자리에 듭니다.

→ (   )

3주 특강 창의·융합·코딩 생각을 키워요 ❶

📖 만화를 읽고, 만화 속에 등장한 성어를 알아봅시다.

앗, 없어!

무슨 일이에요?

저녁에 다 같이 먹으려고 사 두었던 돈가스가 사라졌어.

범인은 십중팔구 이 안에 있을 텐데······.

잠깐!

정답 15쪽

3주

◆ 성어의 뜻과 음을 알아보고, 빈칸에 한자 붙임 딱지를 붙이세요. 붙임 딱지 121쪽

십중팔구   十 中 八 九

열 십 / 가운데 중 / 여덟 팔 / 아홉 구

→ '열 가운데 여덟이나 아홉'이라는 뜻으로, 거의 대부분이거나 거의 틀림 없음을 이르는 말

창의·융합·코딩

생각을 키워요 2

📖 지니가 숫자 한자로만 말하는 바이러스에 걸렸어요. 암호표를 보고 지니가 하는 말을 풀어 보세요.

암호표

1	2	3	4	5	6	7	8	9	10
ㅁ	ㅗ	ㅅ	ㅈ	ㅣ	ㅓ	ㅇ	ㄴ	ㅏ	ㄱ

七九八 八六七

지니는 지금 ☐☐ 이라고 말하고 있어.

🐰 **부모님께 귓속말**

주어진 한자 숫자를 조합하여 암호를 푸는 문제입니다. 한 군데만 잘못되어도 전혀 다른 결과가 나올 수 있으므로 유의합니다.

정답 16쪽

📖 지니를 괴롭힌 바이러스를 찾고 있어요. 지니가 설명하는 바이러스를 찾아 ○표 하세요.

3주

 부모님께 귓속말

두 가지 조건을 만족하는 범인을 찾는 문제입니다. 주어진 조건을 잘 읽고, 조건에 맞는 바이러스를 찾아보세요.

예비초-A 3주 / **99**

3주 특강 창의·융합·코딩

생각을 키워요 ❸

📖 놀이 방법 을 참고하여 말판 놀이를 해 보세요.

놀이 방법

1. 주사위와 놀이 말을 준비하세요.

2. 주사위를 굴려 나온 수만큼 놀이 말을 움직이세요.

3. 한자가 쓰여 있는 칸에 멈추면 한자의 뜻과 음(소리)을 말해야 합니다.

   ❶ 뜻과 음(소리)을 바르게 말했다면 앞으로 2칸 움직입니다.

   ❷ 뜻과 음(소리)을 바르게 말하지 못했다면 뒤로 1칸 움직입니다.

4. '가위바위보' 칸에 멈추면 놀이를 하는 모든 사람이 함께 가위바위보를 하여, 이긴 사람의 말을 1칸 앞으로 움직입니다.

5. 차례로 돌아가며 놀이 말을 움직여 '도착' 칸에 먼저 들어오는 사람이 이깁니다.

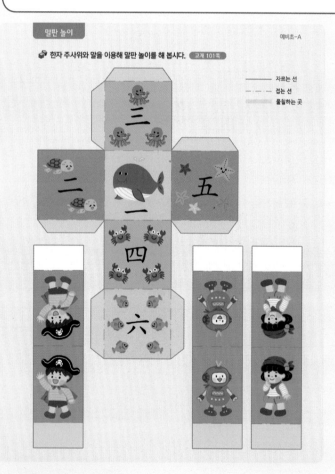

QR 코드를 스캔하면 한자 주사위와 놀이 말을 활용할 수 있어요.

 부모님께 귓속말

3주 동안 배웠던 한자들을 다시 한번 떠올리며, 놀이를 통해 즐겁게 마무리하세요.

◆ 만화를 읽으며 지금까지 배운 한자를 다시 공부해 보세요.

1 멍이의 전화번호를 숫자로 쓰세요.

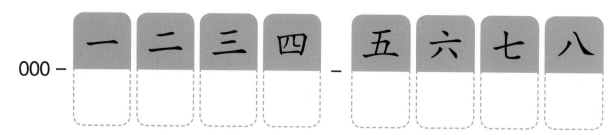

배운 한자 다시 보기

一 한 일   二 두 이   三 석 삼   四 넉 사   五 다섯 오
六 여섯 륙   七 일곱 칠   八 여덟 팔   九 아홉 구

2 지니가 알려 주는 비밀번호를 그림 속의 휴대 전화에 차례대로 이으세요.

비밀번호는
8742예요.

1 순서대로 선을 이어 그림을 완성하고, 예쁘게 색칠하세요.

◑ 정답 17쪽

2 다음 엘리베이터 버튼에 알맞은 한자를 쓰고, 냥이네 집 층수로 알맞은 버튼을 찾아 ◯표 하세요.

1 다음 뜻과 음(소리)에 알맞은 한자의 조각을 찾아 ◯표 하고, 올바른 한자를 쓰세요.

❶
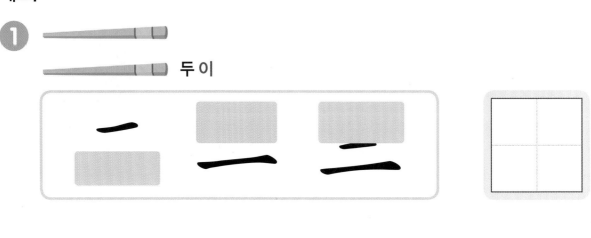
두 이

❷

여덟 팔

❸

아홉 구

4

여섯 륙

5

다섯 오

6

일곱 칠

1 그림 속 물건의 개수를 한자로 바르게 나타낸 것을 찾아 선으로 이으세요.

1

   ·

·

2

   ·

·

3

   ·

·

4

   ·

·

2 다음 그림에 해당하는 낱말을 보기 에서 찾아 쓰세요.

보기

| 일이 | 사십 | 삼촌 | 육십 |

1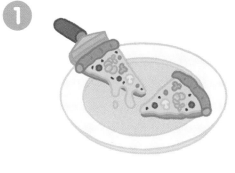

하나나 둘

2

60. 10을 여섯 번 더한 수

3

아버지의 남자 형제

4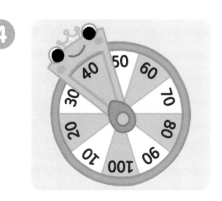

40. 10을 네 번 더한 수

3 다음 그림에 맞는 한자어가 되도록 빈칸에 들어갈 한자를 보기 에서 찾아 쓰세요.

보기

六   九   一   三

①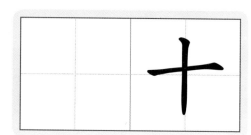

30. 10을 세 번 더한 수

②

한 해의 아홉째 달

③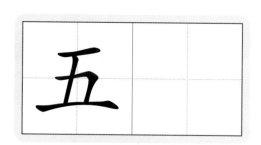

다섯이나 여섯

④

1일. 하루

4 주어진 문제를 잘 읽고, 빈칸에 알맞은 말을 보기 에서 찾아 쓰세요.

보기
| 일생 | 사촌 | 칠월 | 칠일 |

가로 문제 ➡

① 한 해의 일곱째 달

② 세상에 태어나서 죽을 때
까지의 동안

세로 문제 ⬇

㉠ 일곱 날. 한 달의 일곱째 날

㉡ 아버지 친형제의 아들딸

1 그림 속 물건의 개수를 한자로 바르게 나타낸 것을 찾아 선으로 이으세요.

❶  ・

・ 六

❷  ・

・ 九

❸  ・

・ 五

❹  ・

・ 三

2 다음 그림에 해당하는 낱말을 보기에서 찾아 쓰세요.

보기

일생   칠월   오일   이십

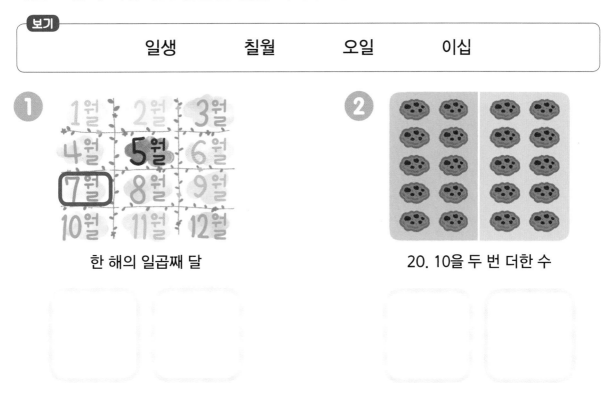

① 한 해의 일곱째 달

② 20. 10을 두 번 더한 수

③ 세상에 태어나서 죽을
때까지의 동안

④ 다섯 날. 한 달의 다섯째 날

3 다음 그림에 맞는 한자어가 되도록 빈칸에 들어갈 한자를 **보기** 에서 찾아 쓰세요.

보기

八　七　四　五

❶
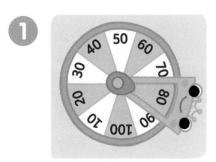

80. 10을 여덟 번 더한 수

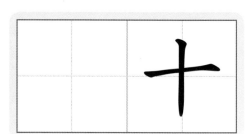

❷

한 해의 다섯째 달

❸

아버지 친형제의 아들딸

❹

일곱 날. 한 달의 일곱째 날

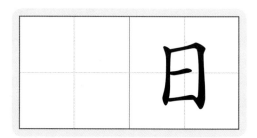

4 주어진 문제를 잘 읽고, 빈칸에 알맞은 말을 보기 에서 찾아 쓰세요.

보기

구십	이십	오월	구월	팔월

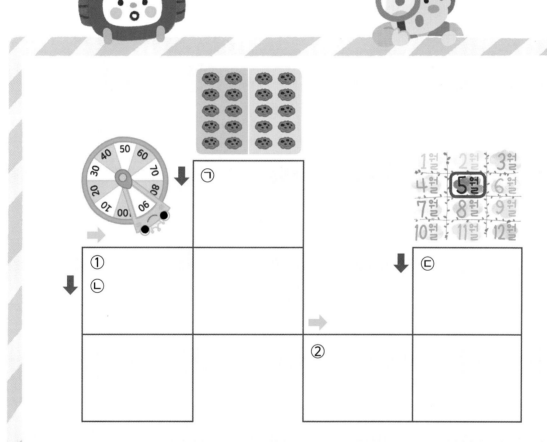

가로 문제 ➡

① 90. 10을 아홉 번 더한 수

② 한 해의 다섯째 달

세로 문제 ⬇

㉠ 20. 10을 두 번 더한 수

㉡ 한 해의 아홉째 달

㉢ 한 해의 여덟째 달

🐻 8~9쪽

一　二　三

🐻 14쪽

한 일

🐻 18쪽

두 이

🐻 22쪽

석 삼

🐻 26쪽

 두 삼

🐻 33쪽

🐻 36쪽

🐻 37쪽

🐻 40~41쪽

四 五 六

🐻 42쪽

사	자
나	비

🐻 46쪽

四

넉 사

🐻 50쪽

五

다섯 오

🐻 54쪽

六

여섯 륙

🐻 62쪽 1번

六 五 四

🐻 65쪽

六

🐻 66쪽

🐻 67쪽

🐻 72~73쪽

七 八 九

🐻 77쪽 2번

1 2 3

🐻 78쪽

七

일곱 칠

🐻 82쪽

八

여덟 팔

🐻 86쪽

九

아홉 구

🐻 97쪽

九

한 일

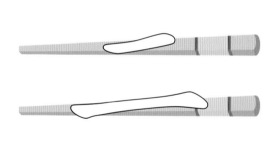

두 이

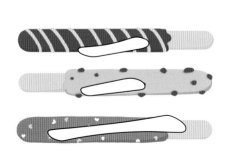

석 삼

한자를 따라 쓰고, 알맞은 뜻과 음(소리)을 쓰세요.

 뜻 _____

 음 _____

카드의 앞면에서 뜻과 음(소리)을 확인하세요.

한자를 따라 쓰고, 알맞은 뜻과 음(소리)을 쓰세요.

 뜻 _____

 음 _____

카드의 앞면에서 뜻과 음(소리)을 확인하세요.

한자를 따라 쓰고, 알맞은 뜻과 음(소리)을 쓰세요.

 뜻 _____

 음 _____

카드의 앞면에서 뜻과 음(소리)을 확인하세요.

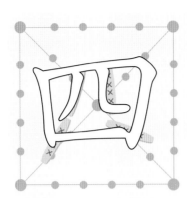

넉 사

다섯 오

여섯 륙

한자를 따라 쓰고, 알맞은 뜻과 음(소리)을 쓰세요.

四

 뜻 _____

 음 _____

카드의 앞면에서 뜻과 음(소리)을 확인하세요.

 한자를 따라 쓰고, 알맞은 뜻과 음(소리)을 쓰세요.

五

 뜻 _____

 음 _____

카드의 앞면에서 뜻과 음(소리)을 확인하세요.

 한자를 따라 쓰고, 알맞은 뜻과 음(소리)을 쓰세요.

六

 뜻 _____

 음 _____

카드의 앞면에서 뜻과 음(소리)을 확인하세요.

七

일곱 칠

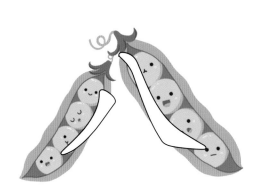

八

여덟 팔

九

아홉 구

한자를 따라 쓰고, 알맞은 뜻과 음(소리)을 쓰세요.

七

 뜻 _____

 음 _____

카드의 앞면에서 뜻과 음(소리)을 확인하세요.

한자를 따라 쓰고, 알맞은 뜻과 음(소리)을 쓰세요.

八

 뜻 _____

 음 _____

카드의 앞면에서 뜻과 음(소리)을 확인하세요.

한자를 따라 쓰고, 알맞은 뜻과 음(소리)을 쓰세요.

九

 뜻 _____

 음 _____

카드의 앞면에서 뜻과 음(소리)을 확인하세요.

一日

일일

一生

일생

一二

일이

일일

一日

한일/날일

1일. 하루

 빈칸 채우기

냥이가 ⬜⬜(一日) 계획표를 만듭니다.

일생

一生

한일/날생

세상에 태어나서
죽을 때까지의 동안

 빈칸 채우기

그는 우리말 연구에 ⬜⬜(一生)을 바쳤습니다.

일이

一二

한일/두이

하나나 둘

 빈칸 채우기

기차가 ⬜⬜(一二) 분 후에 도착합니다.

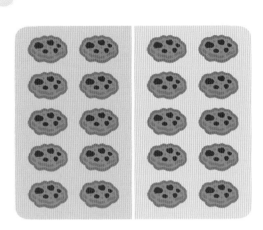

二十

이십

三寸

삼촌

三十

삼십

이십

二十

두 이 / 열 십

20. 10을 두 번 더한 수

약속 시간이 ☐☐(二十) 분 남았습니다.

삼촌

三寸

석 삼 / 마디 촌

아버지의 남자 형제

나는 누구보다 ☐☐(三寸)이 좋습니다.

삼십

三十

석 삼 / 열 십

30. 10을 세 번 더한 수

내가 모은 구슬은 모두 ☐☐(三十) 개입니다.

四寸

사촌

四十

사십

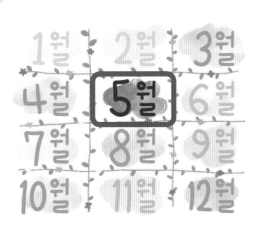

五月

오월

사촌

四寸

넉 사 / 마디 촌

아버지 친형제의 아들딸

빈칸 채우기

가끔 만나는 ☐☐(四寸) 동생이 귀엽습니다.

사십

四十

넉 사 / 열 십

40. 10을 네 번 더한 수

빈칸 채우기

우리 학교는 ☐☐(四十) 년의 역사를 가지고 있습니다.

오월

五月

다섯 오 / 달 월

한 해의 다섯째 달

빈칸 채우기

어린이날이 있는 ☐☐(五月)이 기다려집니다.

五日

오일

五六

오륙

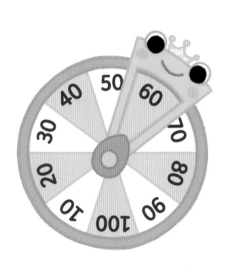

六十

육십

오일

五日

다섯 오 / 날 일

다섯 날.
한 달의 다섯째 날

오월 ☐☐(五日)은 어린이날입니다.

오륙

五六

다섯 오 / 여섯 륙

다섯이나 여섯

약속 시간에 ☐☐(五六) 분이나 늦었습니다.

육십

六十

여섯 륙 / 열 십

60. 10을 여섯 번 더한 수

한 시간은 ☐☐(六十) 분입니다.

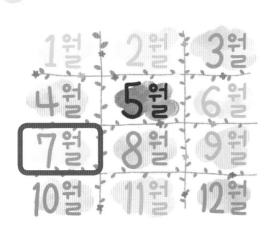

七月

칠월

七日

칠일

八月

팔월

칠월

七月

일곱 칠 / 달 월

한 해의 일곱째 달

내 생일은 ☐☐(七月)에 있습니다.

칠일

七日

일곱 칠 / 날 일

일곱 날.
한 달의 일곱째 날

앞으로 칠일 ☐☐(七日) 후면 방학입니다.

팔월

八月

여덟 팔 / 달 월

한 해의 여덟째 달

무더운 ☐☐(八月)이 지나니 날씨가 선선합니다.

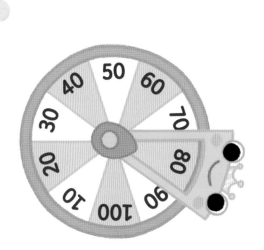

八十

팔십

九月

구월

九十

구십

팔십

八十

여덟 팔 / 열 십

80. 10을 여덟 번 더한 수

할아버지께서 ☐☐(八十) 세 생신을 맞으셨습니다.

구월

九月

아홉 구 / 달 월

한 해의 아홉째 달

새 학기가 시작되는 ☐☐(九月)입니다.

구십

九十

아홉 구 / 열 십

90. 10을 아홉 번 더한 수

한자 시험에서 ☐☐(九十) 점을 맞았습니다.

똑똑한 아들 딸

 석 삼

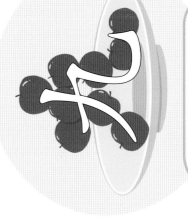 여섯 륙

 아홉 구

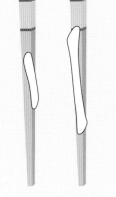 두 이

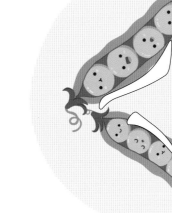 다섯 오

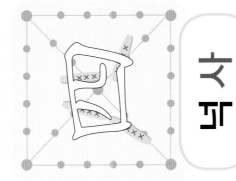 여덟 팔

 한 일

넉 사

일곱 칠

1 一
2 二
3 三
4 四 四
5 五 五
6 六 六
7 七 七
8 八 八
9 九 九

群 鷄 一 鶴

무리·**군**　닭·**계**　한·**일**　학·**학**

'닭의 무리 가운데에서 한 마리의 학(鶴)'이란 뜻으로,
많은 사람 가운데서 뛰어난 인물을 이르는 말이다.

뭘 좋아할지 몰라 다 준비했어♥
전과목 교재

전과목 시리즈 교재

●무등생 해법시리즈
– 국어/수학	1~6학년, 학기용
– 사회/과학	3~6학년, 학기용
– SET(전과목/국수, 국사과)	1~6학년, 학기용

●똑똑한 하루 시리즈
– 똑똑한 하루 독해	예비초~6학년, 총 14권
– 똑똑한 하루 글쓰기	예비초~6학년, 총 14권
– 똑똑한 하루 어휘	예비초~6학년, 총 14권
– 똑똑한 하루 한자	예비초~6학년, 총 14권
– 똑똑한 하루 수학	1~6학년, 총 12권
– 똑똑한 하루 계산	예비초~6학년, 총 14권
– 똑똑한 하루 도형	예비초~6학년, 총 8권
– 똑똑한 하루 Voca	3~6학년, 학기용
– 똑똑한 하루 Reading	초3~초6, 학기용
– 똑똑한 하루 Grammar	초3~초6, 학기용
– 똑똑한 하루 Phonics	예비초~초등, 총 8권

●독해가 힘이다 시리즈
– 초등 수학도 독해가 힘이다	1~6학년, 학기용
– 초등 문해력 독해가 힘이다 문장제수학편	1~6학년, 총 12권
– 초등 문해력 독해가 힘이다 비문학편	3~6학년, 총 8권

영어 교재

●초등영어 교과서 시리즈
파닉스(1~4단계)	3~6학년, 학년용
영단어(1~4단계)	3~6학년, 학년용

●LOOK BOOK 영단어
	3~6학년, 단행본

●원서 읽는 LOOK BOOK 영단어
	3~6학년, 단행본

국가수준 시험 대비 교재

●해법 기초학력 진단평가 문제집
	2~6학년·중1 신입생, 총 6권

똑 똑 한

하루
한자

정답

예비초 **A**

천재교육

배운 내용은
꼭꼭 복습하기!

똑 똑 한

하루
한자

정답

예비초 A

1주 도입

1주에는 무엇을 공부할까? ❷

☆ 이번 주에 배울 한자의 뜻과 음(소리)을 큰 소리로 읽으며, 한자 붙임 딱지를 붙여 보세요. 붙임 딱지 117쪽

8 / 똑똑한 하루 한자   예비초-A 1주 / 9

1주 1일

1일 한자가 뭐예요?

🔍 다음은 모두 '1'을 나타내는 말이에요. 어울리는 것끼리 선으로 이으세요. 정답 2쪽

10 / 똑똑한 하루 한자

기초 실력을 키워요

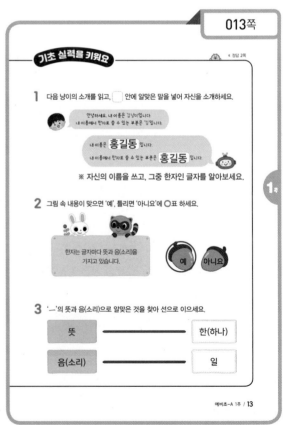

1 다음 낭이의 소개를 읽고, ☐ 안에 알맞은 말을 넣어 자신을 소개하세요.

> 안녕하세요. 내 이름은 김낭이입니다.
> 내 이름에서 한자로 쓸 수 있는 부분은 김입니다.

> 내 이름은 **홍길동** 입니다.
> 내 이름에서 한자로 쓸 수 있는 부분은 **홍길동** 입니다.

※ 자신의 이름을 쓰고, 그중 한자인 글자를 알아보세요.

2 그림 속 내용이 맞으면 '예', 틀리면 '아니요'에 ◯표 하세요.

> 한자는 글자마다 뜻과 음(소리)을 가지고 있습니다.

예   아니요

3 '一'의 뜻과 음(소리)으로 알맞은 것을 찾아 선으로 이으세요.

| 뜻 | ——— | 한(하나) |
| 음(소리) | ——— | 일 |

예비초-A 1주 / 13

1주 2일

2일

一 한 일

🔍 미로를 무사히 빠져나가 오늘 배울 한자 붙임 딱지를 붙이세요. 붙임 딱지 117쪽

◀ 정답 3쪽

오늘 배울 한자

一

한 일

14 / 똑똑한 하루 한자

기초 실력을 키워요

◀ 정답 3쪽

1 쿠키가 '一'만큼 들어 있는 접시를 찾아 ◯표 하세요.

2 다음 뜻에 해당하는 한자어를 찾아 ◯표 하세요.

1일, 하루 / 一日 (일일) / 一生 (일생)

3 다음 밑줄 친 한자의 음(소리)을 쓰세요.

그녀는 一생을 동물 보호에 힘썼습니다.

→ (일)

예비초-A 1주 / 17

1주 3일

3일

二 두 이

🔍 '2'가 쓰여 있는 길을 따라가 오늘 배울 한자 붙임 딱지를 붙이세요. 붙임 딱지 117쪽

◀ 정답 3쪽

출발

오늘 배울 한자

二

두 이

18 / 똑똑한 하루 한자

기초 실력을 키워요

◀ 정답 3쪽

1 다음에서 '二'의 뜻과 음(소리)으로 알맞은 것에 ◯표 하세요.

한 일 / 두 이

2 다음 밑줄 친 말에 해당하는 한자를 쓰세요.

두 사람이 길을 걸어갑니다.

→ 二

3 ◯에 알맞은 글자를 넣어 낱말을 만드세요.

하나나 둘

일 이

20, 10을 두 번 더한 수

이 십

예비초-A 1주 / 21

1주
4일

4일 三 석 삼

음식이 '3'개 들어 있는 바구니를 따라가 오늘 배울 한자 붙임 딱지를 붙이세요.
붙임 딱지 117쪽 · 정답 4쪽

오늘 배울 한자

三
석 삼

22 / 똑똑한 하루 한자

기초 실력을 키워요
· 정답 4쪽

1 ◯에 들어갈 알맞은 숫자를 한자로 쓰세요.

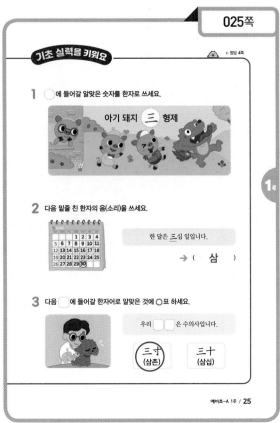

아기 돼지 三 형제

2 다음 밑줄 친 한자의 음(소리)을 쓰세요.

한 달은 三십 일입니다.

→ (삼)

3 다음 ▢에 들어갈 한자어로 알맞은 것에 ◯표 하세요.

우리 ▢▢은 수의사입니다.

三寸
(삼촌)

三十
(삼십)

예비초-A 1주 / 25

1주
5일

5일 1주 복습

기차의 빈칸에 알맞은 붙임 딱지를 붙이세요. 붙임 딱지 117쪽 · 정답 4쪽

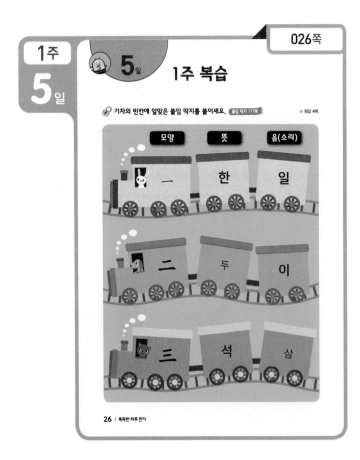

모양	뜻	음(소리)
一	한	일
二	두	이
三	석	삼

26 / 똑똑한 하루 한자

기초 실력을 키워요
· 정답 4쪽

1 먼저 들어온 사람부터 차례대로 한자 숫자를 쓰세요.

一 二 三

2 뜻에 맞는 한자어가 되도록 빈칸에 한자 또는 우리말을 쓰세요.

삼 촌 三寸
아버지의 남자 형제

일이 一二
하나나 둘

이 십 二十
20. 10을 두 번 더한 수

일생 一生
세상에 태어나서 죽을 때까지의 동안

예비초-A 1주 / 29

1주 TEST

1주 누구나 100점 TEST

> 정답 5쪽
> 맞은 개수 /6개

1 한자의 뜻과 음(소리)이 바르게 쓰인 것을 찾아 ✓표 하세요.

✓ 一 한 일 / 三 두 이 / 二 석 삼

2 다음 그림 속 쿠키의 개수를 바르게 나타낸 것을 찾아 선으로 이으세요.

二 / 三

3 다음 밑줄 친 한자의 음(소리)을 쓰세요.

二월 1일은 설날입니다.
→ (일)

4 다음 밑줄 친 말에 해당하는 한자를 보기 에서 찾아 그 번호를 쓰세요.

보기
① 二   ② 三

• 세 명의 어린이가 물놀이를 합니다.
→ (②)

5 ◯ 에 들어갈 알맞은 한자를 쓰세요.

◯ 日 → 一
▶ 1일, 하루

6 다음 밑줄 친 낱말에 해당하는 한자어를 찾아 ◯ 표 하세요.

일이 분 뒤에 버스가 도착합니다.

◯一二   三寸

1주 특강

1주 특강 생각을 키워요 ①
창의·융합·코딩

> 정답 5쪽

📖 만화를 읽고, 만화 속에 등장한 성어를 알아봅시다.

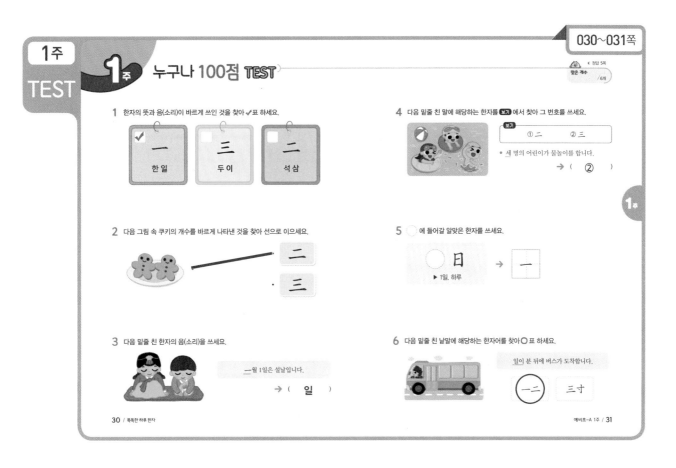

◆ 성어의 뜻과 음을 알아보고, 빈칸에 한자 붙임 딱지를 붙이세요. 붙임 딱지 117쪽

일석이조 一 石 二 鳥
한 일 / 돌 석 / 두 이 / 새 조

→ '돌 한 개를 던져 새 두 마리를 잡는다.'라는 뜻으로, 한 가지 일을 하여
두 가지 이익을 얻음을 이르는 말

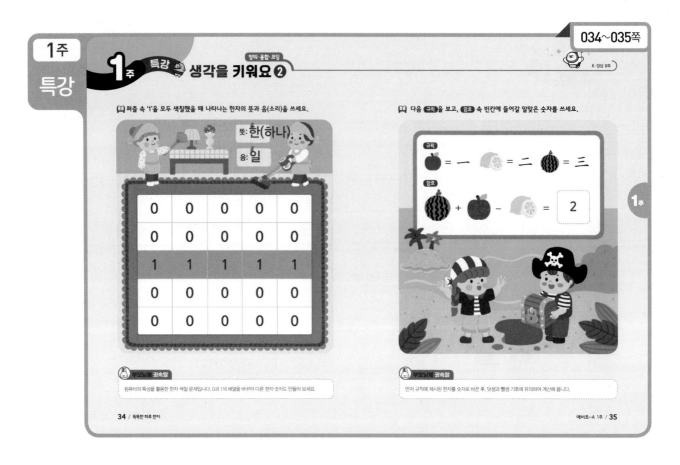

1주 특강

1주 특강 생각을 키워요 ② 창의·융합·코딩

퍼즐 속 '1'을 모두 색칠했을 때 나타나는 한자의 뜻과 음(소리)을 쓰세요.

뜻: 한(하나)
음: 일

0	0	0	0	0
0	0	0	0	0
1	1	1	1	1
0	0	0	0	0
0	0	0	0	0

부모님께 귓속말
컴퓨터의 특성을 활용한 한자 색칠 문제입니다. 0과 1의 배열을 바꾸어 다른 한자 숫자도 만들어 보세요.

다음 규칙을 보고, 암호 속 빈칸에 들어갈 알맞은 숫자를 쓰세요.

규칙 = 一 = 二 = 三
암호 + - = 2

부모님께 귓속말
먼저 규칙에 제시된 한자를 숫자로 바꾼 후, 덧셈과 뺄셈 기호에 유의하여 계산해 봅니다.

34 / 똑똑한 하루 한자
예비초-A 1주 / 35

1주 특강

1주 특강 생각을 키워요 ③ 창의·융합·코딩

피터팬과 후크 선장이 보물을 찾았어요. 보물 속 숫자 한자를 보고, 수의 크기가 더 큰 쪽으로 입 벌린 악어 붙임 딱지를 붙이세요. 붙임 딱지 117쪽

부모님께 귓속말
한자 숫자를 바르게 알고 수의 크기를 비교하는 활동입니다. 악어의 입이 향하는 쪽이 더 큰 수임을 알 수 있도록 도와주세요.

두 사람이 보물을 나누어 가지려고 해요. 저울 양쪽의 무게가 같도록 알맞은 보물 붙임 딱지를 붙이세요. 붙임 딱지 117쪽

一 二 三

부모님께 귓속말
덧셈을 활용해 같은 수를 만들어 보는 활동입니다. 작은 숫자 두 개를 더해 보세요.

36 / 똑똑한 하루 한자
예비초-A 1주 / 37

한자어를 만들어요

기초 실력을 키워요

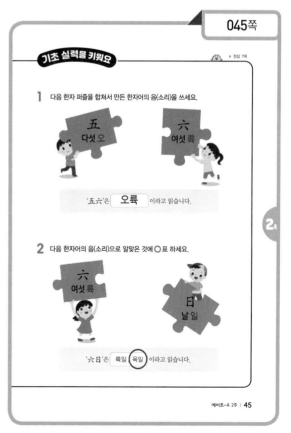

2주
2일

2일 四 넉 사

그림 속 ◯에 알맞은 숫자를 쓰고, 오늘 배울 한자 붙임 딱지를 붙이세요.
붙임 딱지 119쪽
정답 8쪽

시우의 (4) 번째 생일을 축하합니다!

오늘 배울 한자
四
넉 사

46 / 똑똑한 하루 한자

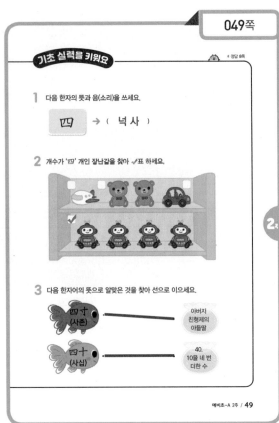

기초 실력을 키워요
정답 8쪽

1 다음 한자의 뜻과 음(소리)을 쓰세요.

四 → (넉 사)

2 개수가 '四' 개인 장난감을 찾아 ✓표 하세요.

3 다음 한자어의 뜻으로 알맞은 것을 찾아 선으로 이으세요.

四寸 (사촌) ———— 아버지 친형제의 아들딸

四十 (사십) ———— 40. 10을 네 번 더한 수

예비초-A 2주 / 49

2주
3일

3일 五 다섯 오

개수가 '5'개인 채소에 ◯표 하고, 오늘 배울 한자 붙임 딱지를 붙이세요.
붙임 딱지 119쪽
정답 8쪽

오늘 배울 한자
五
다섯 오

50 / 똑똑한 하루 한자

기초 실력을 키워요
정답 8쪽

1 주어진 수만큼 당근을 색칠하세요.

五

2 다음 밑줄 친 한자어의 음(소리)으로 알맞은 것에 ◯표 하세요.

五月 8일은 어버이날입니다.

오월   오일

3 다음 한자의 뜻과 음(소리)으로 알맞은 것을 찾아 선으로 이으세요.

五 · 넉 사

· 다섯 오

예비초-A 2주 / 53

2주
4일

4일

六 여섯 륙

🔍 다리가 '6'개인 동물을 찾아 ◯표 하고, 오늘 배울 한자 붙임 딱지를 붙이세요.

붙임 딱지 119쪽

《 정답 9쪽

오늘 배울 한자
六
여섯 륙

54 / 똑똑한 하루 한자

기초 실력을 키워요

《 정답 9쪽

1 나무에 매달린 사과의 개수를 한자로 쓰세요.

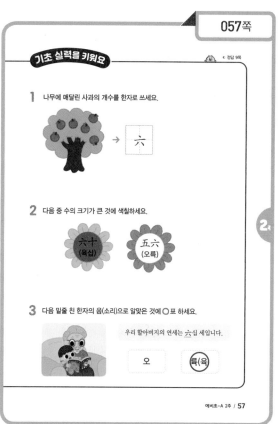

→ 六

2 다음 중 수의 크기가 큰 것에 색칠하세요.

六十
(육십)

五六
(오륙)

3 다음 밑줄 친 한자의 음(소리)으로 알맞은 것에 ◯표 하세요.

우리 할아버지의 연세는 六십 세입니다.

오   륙(육)

예비초-A 2주 / 57

2주
5일

5일

2주 복습

🔍 물건의 개수를 한자로 바르게 나타낸 것을 찾아 선으로 이으세요.

《 정답 9쪽

四
넉 사

五
다섯 오

六
여섯 륙

58 / 똑똑한 하루 한자

기초 실력을 키워요

《 정답 9쪽

1 각 숫자에 어울리는 색깔을 칠하여 그림을 완성하세요.

四: 빨간색   五: 검정색   六: 초록색

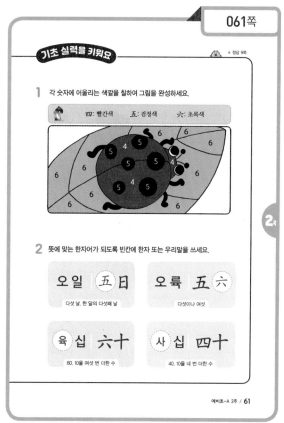

2 뜻에 맞는 한자어가 되도록 빈칸에 한자 또는 우리말을 쓰세요.

오일 五日
다섯 날. 한 달의 다섯째 날

오륙 五六
다섯이나 여섯

육십 六十
60. 10을 여섯 번 더한 수

사십 四十
40. 10을 네 번 더한 수

예비초-A 2주 / 61

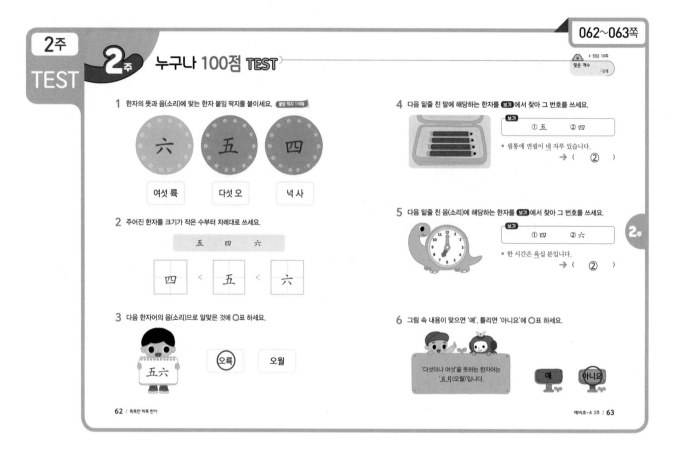

2주 TEST

2주 누구나 100점 TEST

정답 10쪽
맞은 개수 / 6개

1 한자의 뜻과 음(소리)에 맞는 한자 붙임 딱지를 붙이세요. 붙임 딱지 119쪽

六 / 五 / 四

여섯 륙 / 다섯 오 / 넉 사

2 주어진 한자를 크기가 작은 수부터 차례대로 쓰세요.

五 四 六

四 < 五 < 六

3 다음 한자어의 음(소리)으로 알맞은 것에 ○표 하세요.

五六

(오륙) / 오월

4 다음 밑줄 친 말에 해당하는 한자를 보기에서 찾아 그 번호를 쓰세요.

보기
① 五 ② 四

• 필통에 연필이 네 자루 있습니다.
→ (②)

5 다음 밑줄 친 음(소리)에 해당하는 한자를 보기에서 찾아 그 번호를 쓰세요.

보기
① 四 ② 六

• 한 시간은 육십 분입니다.
→ (②)

6 그림 속 내용이 맞으면 '예', 틀리면 '아니요'에 ○표 하세요.

'다섯이나 여섯'을 뜻하는 한자어는 '五月(오월)'입니다.

예 / (아니요)

2주 특강

2주 특강 생각을 키워요 ❶

창의·융합·코딩

정답 10쪽

📖 만화를 읽고, 만화 속에 등장한 성어를 알아봅시다.

◆ 성어의 뜻과 음을 알아보고, 빈칸에 한자 붙임 딱지를 붙이세요. 붙임 딱지 119쪽

삼십육계 三十六計

석 삼 / 열 십 / 여섯 륙 / 셀 계

→ '서른여섯 가지의 꾀'라는 뜻으로, 주로 '삼십육계 줄행랑'의 형태로 쓰여 매우 급하게 도망침을 이르는 말

2주
특강

2주 특강 창의·융합·코딩 생각을 키워요 ②

◀ 정답 11쪽

📖 샌드위치 만드는 방법을 보고, 각 단계에 필요한 재료 붙임 딱지를 붙이세요.
붙임 딱지 119쪽

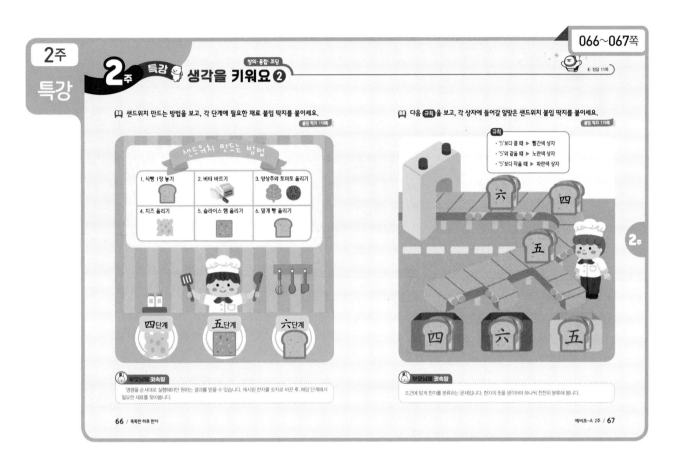

📖 다음 규칙을 보고, 각 상자에 들어갈 알맞은 샌드위치 붙임 딱지를 붙이세요.
붙임 딱지 119쪽

규칙
• '5'보다 클 때 ▶ 빨간색 상자
• '5'와 같을 때 ▶ 노란색 상자
• '5'보다 작을 때 ▶ 파란색 상자

🐰 부모님께 귓속말
명령을 순서대로 실행해야만 원하는 결과를 얻을 수 있습니다. 제시된 한자를 숫자로 바꾼 후, 해당 단계에서 필요한 재료를 찾아봅니다.

🐰 부모님께 귓속말
조건에 맞게 한자를 분류하는 문제입니다. 한자의 뜻을 생각하며 하나씩 천천히 분류해 봅니다.

66 / 똑똑한 하루 한자

예비초-A 2주 / 67

2주
특강

2주 특강 창의·융합·코딩 생각을 키워요 ③

◀ 정답 11쪽

📖 벌집을 들락거리는 꿀벌의 수를 세어 보고, 벌집 속에 남은 꿀벌의 수로 알맞은 한자 카드에 ✔표 하세요.

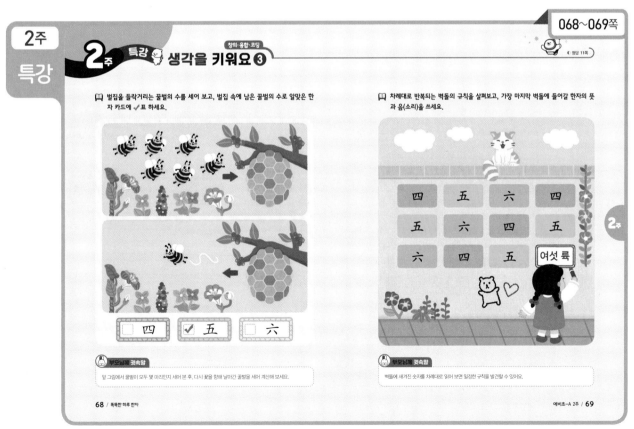

□ 四   ✔ 五   □ 六

📖 차례대로 반복되는 벽돌의 규칙을 살펴보고, 가장 마지막 벽돌에 들어갈 한자의 뜻과 음(소리)을 쓰세요.

四	五	六	四
五	六	四	五
六	四	五	여섯 륙

🐰 부모님께 귓속말
잎 그림에서 꿀벌이 모두 몇 마린인지 세어 본 후, 다시 꽃을 향해 날아간 꿀벌을 세어 계산해 보세요.

🐰 부모님께 귓속말
벽돌에 새겨진 숫자를 차례대로 읽어 보면 일정한 규칙을 발견할 수 있어요.

68 / 똑똑한 하루 한자

예비초-A 2주 / 69

예비초-A 정답 / **11**

072~073쪽

3주 도입

3주에는 무엇을 공부할까? ❷

◎정답 12쪽

☆ 이번 주에 배울 한자의 뜻과 음(소리)을 큰 소리로 읽으며, 한자 붙임 딱지를 붙여 보세요. 붙임 딱지 121쪽

074쪽

3주 1일

1일 한자를 바르게 써요

◀ 정답 12쪽

◎ ●에서 ★까지 선을 그어 보세요.

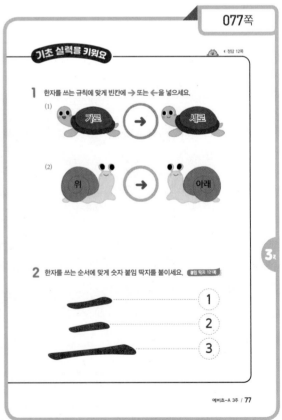

077쪽

기초 실력을 키워요

◎ 정답 12쪽

1 한자를 쓰는 규칙에 맞게 빈칸에 → 또는 ← 을 넣으세요.

(1) 가로 → 세로

(2) 위 → 아래

2 한자를 쓰는 순서에 맞게 숫자 붙임 딱지를 붙이세요. 붙임 딱지 121쪽

三 ----- 1
----- 2
----- 3

예비초-A 3주 / 77

3주
2일

2일 七 일곱 칠

'7'이 쓰여 있는 별을 모두 찾아 색칠하고, 오늘 배울 한자 붙임 딱지를 붙이세요.
붙임 딱지 121쪽
정답 13쪽

78 / 똑똑한 하루 한자

기초 실력을 키워요
정답 13쪽

1 ○에 들어갈 알맞은 숫자를 한자로 쓰세요.

백설 공주와 七 난쟁이

2 다음 한자의 뜻과 음(소리)으로 알맞은 것에 ○표 하세요.

七   일곱 칠   열 십

3 다음 밑줄 친 한자의 음(소리)을 쓰세요.

주간 계획표
| 메모 | 월 | 화 | 수 |
| 목 | 금 | 토 | 일 |

일주일은 七일입니다.

→ (칠)

예비초-A 3주 / 81

3주
3일

3일 八 여덟 팔

문어의 다리 개수를 세어 보고, 오늘 배울 한자 붙임 딱지를 붙이세요.
붙임 딱지 121쪽
정답 13쪽

82 / 똑똑한 하루 한자

기초 실력을 키워요
정답 13쪽

1 그림 속 내용이 맞으면 '예', 틀리면 '아니요'에 ○표 하세요.

'八'은 '팔'이라고 읽습니다.

예   아니요

2 다음 밑줄 친 말에 해당하는 한자를 쓰세요.

입학을 축하합니다

여덟 살이 되면 초등학교에 갑니다.

→ 八

3 다음 밑줄 친 한자의 음(소리)을 쓰세요.

음력 八월 15일은 추석입니다.

→ (팔)

예비초-A 3주 / 85

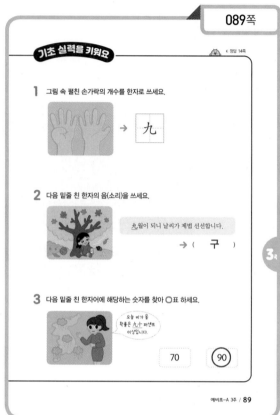

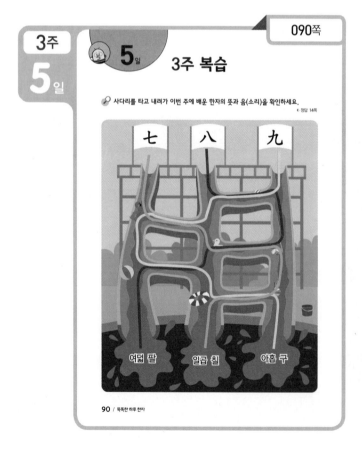

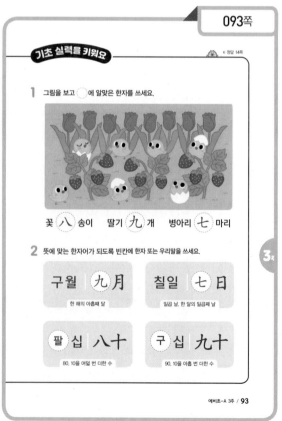

3주
TEST

3주 누구나 100점 TEST

정답 15쪽
맞은 개수 /6개

1 사탕의 개수를 한자로 바르게 나타낸 것에 ○표 하세요.

七   九

2 그림 속 내용이 맞으면 '예', 틀리면 '아니요'에 ○표 하세요.

'九'는 '八'보다 큰 수입니다.

예   아니요

3 다음 밑줄 친 한자의 음(소리)을 보기에서 찾아 그 번호를 쓰세요.

보기
① 칠   ② 팔

• 八월에 가족들과 여행을 갔습니다.
→ (②)

4 다음 밑줄 친 음(소리)에 해당하는 한자를 쓰세요.

칠월 7일은 견우와 직녀가 만나는 날입니다.
→ 七

5 다음 한자어의 뜻으로 알맞은 것을 찾아 선으로 이으세요.

八月
(팔월)

九月
(구월)

한 해의
아홉째 달

한 해의
여덟째 달

6 다음 밑줄 친 말에 해당하는 한자를 보기에서 찾아 그 번호를 쓰세요.

보기
① 七   ② 九

• 나는 평소 아홉 시에 잠자리에 듭니다.
→ (②)

94 / 똑똑한 하루 한자

예비초-A 3주 / 95

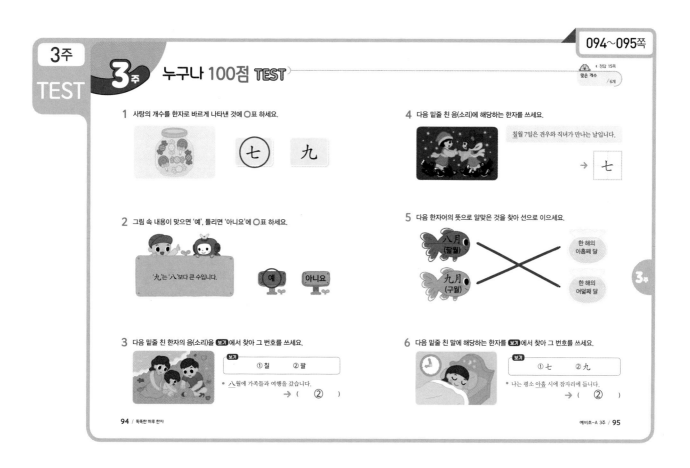

3주
특강

3주 특강 생각을 키워요 ❶
창의·융합·코딩

정답 15쪽

📖 만화를 읽고, 만화 속에 등장한 성어를 알아봅시다.

◆ 성어의 뜻과 음을 알아보고, 빈칸에 한자 붙임 딱지를 붙이세요. 붙임 딱지 121쪽

십중팔구   十 中 八 九
열 십 / 가운데 중 / 여덟 팔 / 아홉 구

→ '열 가운데 여덟이나 아홉'이라는 뜻으로, 거의 대부분이거나 거의 틀림 없음을 이르는 말

96 / 똑똑한 하루 한자

예비초-A 3주 / 97

예비초-A 정답 / **15**

3주
특강

마무리
한자
다시
보기

마무리
한자
퀴즈

신경향·신유형
재미있는 한자 퀴즈 ❶

정답 17쪽

1 순서대로 선을 이어 그림을 완성하고, 예쁘게 색칠하세요.

2 다음 엘리베이터 버튼에 알맞은 한자를 쓰고, 낭이네 집 층수로 알맞은 버튼을 찾아 ◯표 하세요.

104 / 똑똑한 하루 한자

예비초-A 재미있는 한자 퀴즈 ❶ / 105

마무리
한자
퀴즈

신경향·신유형
재미있는 한자 퀴즈 ❷

정답 17쪽

1 다음 뜻과 음(소리)에 알맞은 한자의 조각을 찾아 ◯표 하고, 올바른 한자를 쓰세요.

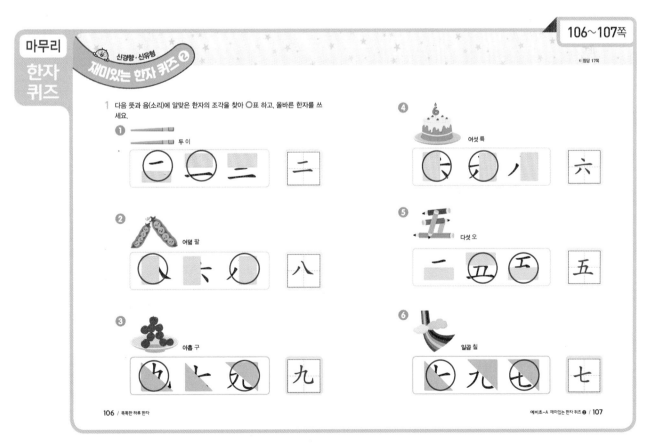

106 / 똑똑한 하루 한자

예비초-A 재미있는 한자 퀴즈 ❷ / 107

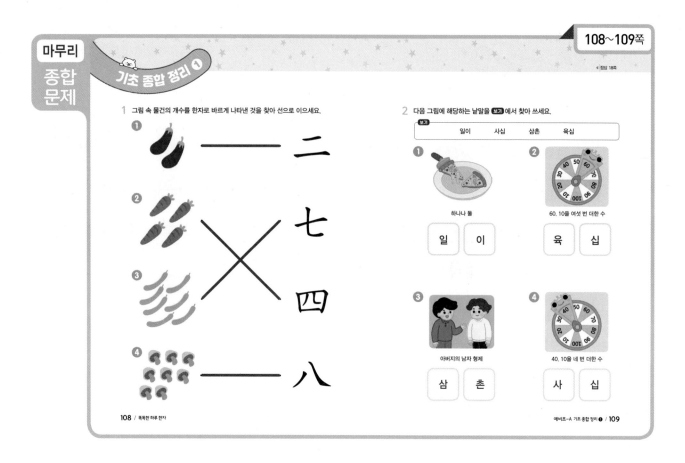

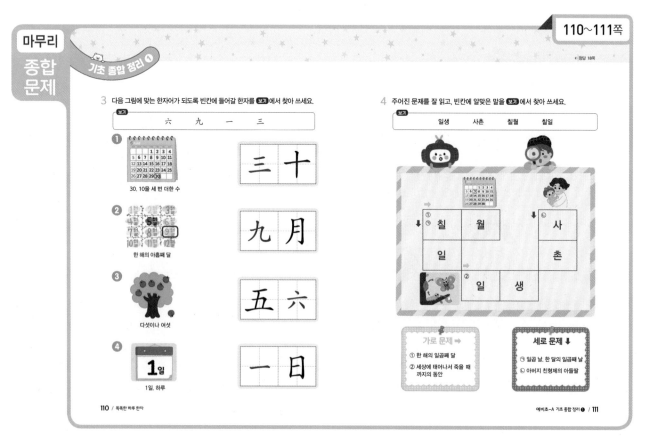

마무리
종합
문제

기초 종합 정리 ❷

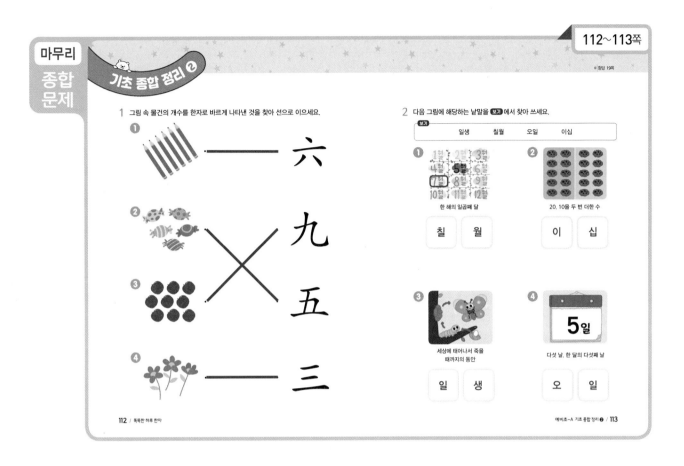

마무리
종합
문제

기초 종합 정리 ❷

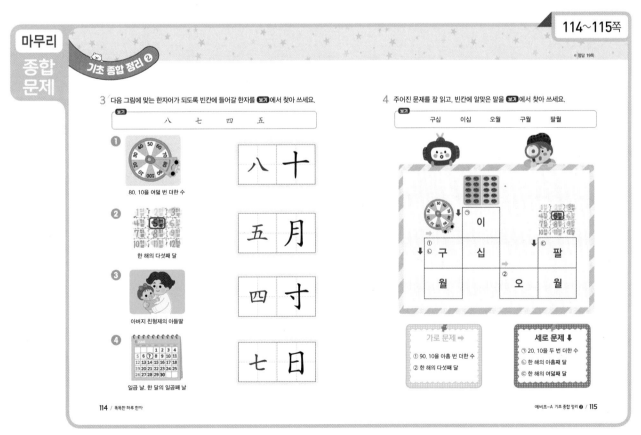

memo

에듀테크로 미래를 디자인하는
천재교육

AI가 추천하는 나를 위한 맞춤 학습!
빅데이터에 기반한 학습 트렌드 분석!
에듀테크가 펼치는 학습 현장은
놀라움의 연속입니다.

천재교육은 기술로 미래를 만들어 갑니다.

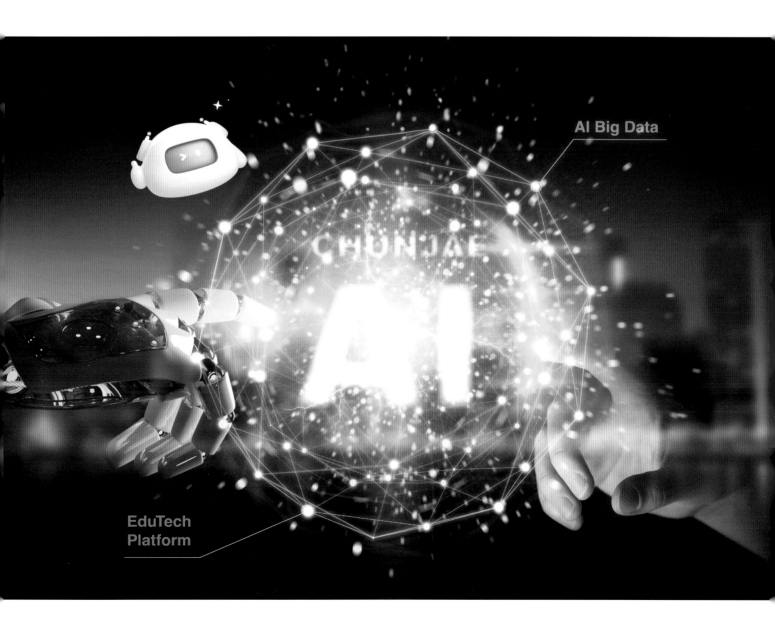

AI Big Data

EduTech
Platform

천재교육

정답은
이안에
있어!

수학 전문 교재

● 연산 학습

빅터연산 예비초~6학년, 총 20권

● 개념 학습

개념클릭 해법수학 1~6학년, 학기용

● 수준별 수학 전문서

해결의법칙(개념/유형/응용) 1~6학년, 학기용

● 단원평가 대비

수학 단원평가 1~6학년, 학기용

● 상위권 학습

최고수준 S 수학 1~6학년, 학기용

최고수준 수학 1~6학년, 학기용

최강 TOT 수학 1~6학년, 학년용

● 경시대회 대비

해법 수학경시대회 기출문제 3~6학년, 학기용

예비 중등 교재

● 해법 반편성 배치고사 예상문제 6학년
● 해법 신입생 시리즈(수학/영어) 6학년

맞춤형 학교 시험대비 교재

● 멸공 전과목 단원평가 1~6학년, 학기용(1학기 2~6년)

한자 교재

● 한자능력검정시험 자격증 한번에 따기 8~3급, 총 9권
● 씽씽 한자 자격시험 8~5급, 총 4권
● 한자 전략 8~5급Ⅱ, 총 12권

勸 善 懲 惡

권할·**권** 착할·**선** 징계할·**징** 악할·**악**

'착한 일을 권장하고 나쁜 일을 벌한다'는 뜻으로,
고전 소설이 권선징악을 주제로 다루는 경우가 많다.